BEI GRIN MACHT SICH IHR WISSEN BEZAHLT

- Wir veröffentlichen Ihre Hausarbeit,
  Bachelor- und Masterarbeit

- Ihr eigenes eBook und Buch -
  weltweit in allen wichtigen Shops

- Verdienen Sie an jedem Verkauf

Jetzt bei www.GRIN.com hochladen
und kostenlos publizieren

Trainingskonzept für das Lauftraining einer 25-jährigen Probandin

Tom Treffert

Bibliografische Information der Deutschen Nationalbibliothek:

Die Deutsche Nationalbibliothek verzeichnet diese Publikation in der Deutschen Nationalbibliografie; detaillierte bibliografische Daten sind im Internet über http://dnb.d-nb.de abrufbar.

ISBN: 9783346508133
Dieses Buch ist auch als E-Book erhältlich.

© GRIN Publishing GmbH
Nymphenburger Straße 86
80636 München

Druck und Bindung: Books on Demand GmbH, Norderstedt Germany
Gedruckt auf säurefreiem Papier aus verantwortungsvollen Quellen

Das Buch bei GRIN: https://www.grin.com/document/1129394

Academy of Sports

Abschlussarbeit – Trainingskonzept

Fachtrainer für Ausdauersport

Treffert, Tom

21.03.2021

Inhalt

Inhalt

1. Einleitung

„Wir alle sind zum Laufen geschaffen – alles, was Du tun musst, ist, einen Fuss vor den Anderen zu setzen" (Forsberg 2019, 31)

Emelie Forsberg ist eine der erfolgreichsten Trailläuferinnen der Welt. Mehrere Weltmeisterschaften im Skyrunning sowie Bestzeiten am Matterhorn und Mont Blanc lassen daran nur wenig Zweifel. Besondere Athleten auf Weltklasse-Niveau bringen grundsätzlich auch immer besondere körperliche und mentale Voraussetzungen mit. Aber alle Athleten auf Spitzenniveau haben eines gemeinsam: Sie müssen trainieren, um Ihre Leistung zu steigern und um auf höchstem Niveau bleiben zu können. Dies geschieht meistens über sehr lange zeitliche Abschnitte und beginnt oft schon im Kindes- und Jugendalter. Langfristiger Leistungsaufbau berücksichtigt immer einer große Vielzahl von Faktoren im komplexen menschlichen Organismus. Um diesen gezielt auf ein höheres Leistungsniveau zu bringen, ist auch ein planvolles Vorgehen sinnvoll, wenn nicht sogar notwendig. Das Gute daran: die Trainingsprinzipien, Methoden und Planungen, die Menschen wie Emelie Forsberg oder auch Weltrekord-Läufer Eliud Kipchoge zu Spitzen-Athleten machen, funktionieren in individuell angepasster Form auch bei jedem anderen Athleten. Genau darum soll es in dieser Arbeit gehen.

1.1 Methodik

Das vorliegende Trainingskonzept orientiert sich in Inhalt und Aufbau am 5-Stufen-Modell der Trainingssteuerung und ist daher in Anamnese, Zielsetzung, Trainingsplanung, Durchführung und Analyse gegliedert. (vgl. https://www.academyofsports.de/de/lexikon/fuenf-stufen-modell-der-trainingssteuerung/ Stand: 14.03.2021)

Hierbei wird der Schwerpunkt auf den Bereichen Anamnese, Zielsetzung und Trainingsplanung liegen, während die Bereiche Durchführung und Analyse nachgelagert ausgeführt werden.

In der Anamnese werden die vorliegenden Informationen über die Athletin analysiert, die eingehenden Tests geplant sowie die Zielsetzungen abgeleitet. Hinsichtlich der Trainingsplanung ist das Konzept so aufgebaut, dass vom Allgemeinen zum speziellen ausgeführt wird. Beginnend mit der Planung der Makrozyklen über die Mesozyklen bis zur Ausführung der Mikrozyklen mit einzelnen Trainingseinheiten.

Als tabellarische Übersicht zur Zyklisierung und Periodisierung des Trainingsjahres wird die Vorlage aus dem Skript des Kurses „Fachtrainer für Ausdauersport" genutzt.

In den Abschnitten Durchführung und Analyse wird auf die Spezifika der inhaltlichen Trainingsgestaltung eingegangen sowie auf zu nutzende Methoden zur Analyse und Dokumentation der Leistungsentwicklung. Im

Abschnitt zur Analyse und Evaluation wird auch genauer auf die zu planenden Diagnostiken eingegangen.

Das Konzept orientiert sich inhaltlich an den Lehrskripten des Kurses „Fachtrainer für Ausdauersport". Als zusätzliche Literatur werden die Arbeiten „Ausdauertraining" von Zintl/Eisenhut, „Optimiertes Ausdauertraining" sowie „Alles unter Kontrolle" von Neumann/Pfützner genutzt.

Um die Lesbarkeit zu vereinfachen, wird bei allen Abschnitten, welche sich nicht explizit auf die Athletin beziehen, die männliche Persönlichkeitsform genutzt.

2. Trainingskonzept

2.1 Anamnese

2.1.1 Eingangsgespräch

Bei der zu trainierenden Athletin um eine Läuferin, 25 Jahre alt, 167cm groß und 58kg schwer. Sie läuft seit 5 Jahren mit einem Laufumfang von max. 8 Stunden in der Woche verteilt auf 3-4 Einheiten. Sie hat bisher einige Wettkämpfe bis zur Halbmarathondistanz absolviert. Die Bestzeit über 10km liegt bei 42:30min und beim Halbmarathon bei 1:37:45h Bei Laufumfängen von über 60km/Woche kommt es bis dato zu unspezifischen orthopädischen Problemen der unteren Extremitäten. Bisher hat die Sportlerin kein Kraft- oder Athletiktraining absolviert. Mögliche Ausgleichssportarten sind Mountainbiking, Klettern, Schwimmen oder Ski-Langlauf im Winter.

Die Athletin läuft seit Ihrem 20. Lebensjahr und befindet sich in einem Alter, in dem die Trainierbarkeit noch verhältnismäßig ausgeprägt ist. Beispielsweise ist bei einer gesunden Person die VO2max maximal ausgeprägt. Diese steigt bis zum 20. Lebensjahr an und bleibt bis zum 30. Lebensjahr stabil. Durch regelmäßiges und zielgerichtetes Training kann diese nahezu zu 100% ausgenutzt werden. (vgl. Lehrskript Ausdauer, 22)

Als Studentin kann Sie Ihre Trainingstage zeitlich flexibler planen als in einem normalen Arbeitsverhältnis. Es bleibt aber auch zu beachten, ob diese Flexibilität beispielsweise durch feste Arbeitszeiten in Nebenjobs eingeschränkt wird. Je nach Aufgabenbereich könnte ein Nebenjob ein zusätzlicher Stressfaktor sein.

Informationen über medizinische Behandlungen oder Medikamenten-Aufnahme gehören ebenfalls zum Eingangsgespräch.

Als Zeitbudget werden aktuell 8 Wochenstunden angesetzt, was recht problemlos eine Planung von bis zu vier Trainingstagen pro Woche ermöglicht. Allerdings gilt es hier zu beachten, dass die Athletin ab

Laufumfängen von ca. 60km pro Woche orthopädische Probleme der unteren Extremitäten bekommt. Da diese Probleme erst bei höheren Umfängen auftreten, lässt sich hier auf zunehmende Ermüdung oder gar Übertraining schließen, welches die entsprechenden Symptome auslöst. (vgl. Zintl 2009, 241ff.)

2.1.2 Tests

Im Zuge der Anamnese werden im Rahmen eines medizinischen Check-Ups auch verschiedene Tests durchgeführt, die wesentlichen Einfluss auf die langfristige Leistungsplanung sowie die Zielsetzung haben. Diese biometrischen Tests beinhalten zum einen die Ermittlung internistischer Gesundheitsdaten wie Blutdruck und Ruhepuls, aber auch anthropometrischer Daten wie Gewicht, Größe, BMI, Taille-Hüft Quotient und Körperanalyse. (vgl. Lehrskript Ausdauertraining, 50)
Im Zuge der Anamnese wird auch eine komplexe Diagnostik mit verschiedenen motorischen Tests geplant. Auf die Planung dieser komplexen Diagnostik wird im späteren Verlauf tiefer eingegangen.

2.1.3 Zielsetzung

Aus dem Eingangsgespräch lassen sich verschiedene Motive und Ziele ableiten. (vgl.
Basierend auf den vorliegenden Informationen über die zu trainierende Athletin lässt sich als Motivation ein Leistungsdenken herbei leiten. Des Weiteren äußert die Athletin orthopädische Probleme bei höheren Laufumfängen. Eine weitere Motivation zum Training unter professioneller Anleitung könnte daher auch eine dauerhafte Gesunderhaltung sein.
Daraus abgeleitet und auch klar kommuniziert besteht ein Ziel darin, neue Bestzeiten über die bekannten Distanzen von 10km sowie 21,1km zu laufen. Für die 10km bedeutet dies eine Zeit von unter 42:30min bzw. eine durchschnittliche Pace von 4:15min/km. Die angestrebte Bestzeit über die Halbmarathon Distanz soll unter 1:37:45h liegen. Hierfür muss eine durchschnittliche Pace von unter 4:37min/km erzielt werden. Aufgrund dieser Zielsetzung wird ein Schwerpunkt in der Trainingsplanung für den Halbmarathon neben der Verbesserung der Grundlagenausdauer auch die Steigerung von Schnelligkeit und Tempohärte sein.
Das zweite Ziel des Trainingsjahres ist die erstmalige Teilnahme am Marathon im Herbst. Eine bestimmte Zielzeit strebt die Athletin nicht an. Daraus lässt sich ein weiterer Aufbau der aeroben Ausdauer als Trainingsschwerpunkt ableiten. Um dieses Ziel zu realisieren, sind jedoch entsprechend längere Laufumfänge notwendig. Da die Athletin jedoch bei Laufumfängen von über 60km pro Woche orthopädische Beschwerden zeigt, werden der Aufbau der Muskulatur sowie eine Verbesserung der Lauftechnik- und ökonomie sekundäre Ziele des Trainings sein.

2.2 Trainingsplanung

Periodisierung Jahresplanung

KW	Termine (Kalenderwoche beginnt am)	Monate	Wettkampfkalender (Location)	Trainingsphase	Spezifizierung	Ausdauer/Power anaerobe	Ausdauer aerobe	Schnelligkeit
1	04.01.2021	Januar		Vorbereitungsphase				
2	11.01.2021							
3	18.01.2021					Erhalt	Aufbau	
4	25.01.2021							Erhalt
5	01.02.2021	Februar						
6	08.02.2021							
7	15.02.2021							
8	22.02.2021							
9	01.03.2021	März				Aufbau	Erhalt	Aufbau
10	08.03.2021							
11	15.03.2021							
12	22.03.2021							
13	29.03.2021		10k Bestzeit	Wettkampfphase	Tapering	Erhalt	Erhalt	
14	05.04.2021	April			Wett-kampf			
15	12.04.2021							Maximum
16	19.04.2021		Halbmarathon 24.04	Übergang				
17	26.04.2021					ReKom	ReKom	
18	03.05.2021	Mai				Erhalt	Erhalt	ReKom
19	10.05.2021							
20	17.05.2021			Vorbereitungsphase				
21	24.05.2021						Schwerpunkt	
22	31.05.2021					Erhalt	Erhalt	Erhalt
23	07.06.2021	Juni						
24	14.06.2021							
25	21.06.2021							
26	28.06.2021					Intensiv	Aufbau	
27	05.07.2021					Erhalt	Erhalt	
28	12.07.2021					Aufbau	Aufbau	Aufbau

Weitere Spalten: Medizinische Kontrolle, Leistungsdiagnostiken, Trainingsumfang (10, 20, 30, 40, 50, 60, 70, 80, 90, 100)

Periodisierung Jahresplanung

Monate	Mikrozyklus	Kalenderwoche beginnt am	Wettkampfkalender (Location)	Periodisierung (Trainingsphase)
Juli	29	19.07.2021	se	
	30	26.07.2021		
August	31	02.08.2021		Erhalt / Aufbau / Aufbau
	32	09.08.2021		
	33	16.08.2021		
	34	23.08.2021		
September	35	30.08.2021		Wettkampfphase / Tapering / Aufbau Maximum
	36	06.09.2021		Wett-kampf / Erhalt / Erhalt
	37	13.09.2021		
	38	20.09.2021	Marathon 26.09.	
		27.09.2021		
Oktober		04.10.2021		
		11.10.2021		
		18.10.2021		
		25.10.2021		
November		01.11.2021		
		08.11.2021		
		15.11.2021		
		22.11.2021		
		29.11.2021		
Dezember		06.12.2021		
		13.12.2021		
		20.12.2021		
		27.12.2021		

Zeilenbeschriftungen:

- Monate
- Makrozyklus
- Mikrozyklus
- **Termine:** Kalenderwoche beginnt am, National, International
- **Wettkampfkalender:** Location
- **Periodisierung:** Trainingsphase, Spezifizierung anaerobe, Ausdauer/Po aerobe, Ausdauer Ausdauer, Schnelligkeit
- **Medizinische Kontrolle:** Leistungsdiagnostiken
- **Trainingsumfang:** 100, 90, 80, 70, 60, 50, 40, 30, 20, 10

2.2.1 Makrozyklen

Basieren auf der Anamnese wurden 3 Jahresziele identifiziert. Bei den ersten Zielen handelt es sich um neue Bestzeiten über bekannte Distanzen: 10km und die Halbmarathon-Distanz. Die beiden Bestzeiten sollen innerhalb eines zeitlichen Rahmens von ca. 12 Wochen (März-Mai) erzielt werden, wobei 10km zeitlich früher gelaufen werden sollen. Es bietet sich daher eine aufbauende Planung an. Höhepunkt des ersten Makrozyklus wird hierbei der Halbmarathon sein. Aufgrund des engen Zeitrahmens wird die 10km Bestzeit nicht als separater Höhepunkt geplant, sondern als Leistungsdiagnostik in die Vorbereitungsphase integriert.

Beim finalen Ziel des Jahres handelt es sich um die erste Teilnahme an einem Marathon. Aufgrund der vorliegenden Informationen kann davon ausgegangen werden, dass die Athletin diese Distanz noch nicht absolviert hat. Die zu bewältigende Strecke stellt eine Verdopplung der bisher bekannten Distanzen dar. Eine lange Vorbereitungsphase wird hierbei als sinnvoll erachtet, um die Athletin nicht zu überfordern. Daher wird für den Halbmarathon als erstes Jahresziel ein Wettkampf im ersten Teil des gesteckten Zeitraumes (April/Mai) gewählt. Hierbei wurde der Halbmarathon in München am 26.04.2021 identifiziert. Ausgehend von diesem Datum wird der Makrozyklus rückwärts geplant. Zusätzlich zu einer 4-wöchigen Wettkampfphase wird eine 12-wöchige Vorbereitungsphase geplant.

Trainingsbedingte Anpassungsprozesse des Körpers benötigen ca. 4-6 Wochen, um eine neue Stufe der Leistungsfähigkeit zu erreichen. Diese Stufen sollten nach herrschender Meinung in einer Vorbereitungsphase auch mehrmals durchlaufen werden um eine stabile Leistungsverbesserung zu erreichen. (vgl. Zintl 2009, 197 ff.) Daher werden hier 12 Wochen als notwendig erachtet, um ein zweimaliges Durchlaufen der körperlichen Adaptionsprozesse zu gewährleisten. Der erste Makrozyklus des Jahres dauert somit 16 Wochen, startend am 04.01.2021 und endend mit dem Münchner Halbmarathon am 26.04.2021.

Der zweite Saisonhöhepunkt und das Ende des zweiten Makrozyklus soll die Marathonteilnahme im Herbst darstellen. Hierfür wurde der Berlin Marathon am 26.09.2021 identifiziert. Dieses Rennen stellt den teilnehmerstärksten und bekanntesten Marathon-Wettkampf in Deutschland dar. Ausgehend vom Wettkampf-Datum ergibt sich also eine Dauer von 22 Wochen für diesen Zyklus, beginnend nach dem Halbmarathon am 27.04.2021.

2.2.2 Mesozyklen

Basierend auf der Zielsetzung der Athletin wurden zwei Saisonhöhepunkte identifiziert und entsprechend zwei Makrozyklen geplant. Beide Makrozyklen werden in eine Vorbereitungs- und Wettkampfperiode unterteilt. Nach dem ersten Makrozyklus folgt eine Übergangsperiode (vgl. Zintl 2009, 196)

Die weitere Unterteilung erfolgt in Mesozyklen mit unterschiedlichen Schwerpunkten. Die Schwerpunkte orientieren sich an den elementaren konditionellen Fähigkeiten Kraft/aerobe Ausdauer, (aerobe) Ausdauer sowie Schnelligkeit. (vgl. Zintl 2009, 33)

Die Länge der einzelnen Mesozyklen beträgt 2-6 Wochen. Zur Dauer eines einzelnen Mesozyklus finden sich unterschiedliche Einschätzungen. Von 2-4 Wochen (vgl. Neuman 2011, 190) bis zu 4-8 Wochen (vgl. Zintl 2009, 196). In der hier vorliegenden Arbeit werden die Mesozyklen in der Vorbereitungsphase zu großen Teilen über einen Zeitraum von 6 Wochen geplant. Dies wird als sinnvoll erachtet, um ein vollständiges Durchlaufen des Adaptionsprozesses auf die jeweiligen Trainingsreize zu gewährleisten. Wie bereits erwähnt nehmen diese Prozesse ca. 4-6 Wochen in Anspruch. Damit soll ebenfalls gewährleistet werden, dass durch zu kurz geplante Mesozyklen mit unterschiedlicher Zielsetzung auch unterschiedliche, oder gar gegenläufige Adaptionsprozesse des Körpers eingeleitet werden (vgl. Lehrskript Test- und Trainingsplanung, 57) Die inhaltliche Gestaltung der Mesozyklen richtet sich nach dem jeweiligen zu erreichenden Trainingsziel. Im vorliegenden Fall geht es um zwei Saisonhöhepunkte mit unterschiedlicher Zielsetzung:

1. Makrozyklus → bekannte Distanz, Verbesserung der Bestzeit

2. Makrozyklus → deutlich längere Distanz, keine zeitliche Zielsetzung

Aus diesem Grund wird die inhaltliche Gestaltung (hinsichtlich der Schwerpunkte Aerobe Ausdauer, Anaerobe Ausdauer/Kraft und Schnelligkeit) der jeweiligen Mesozyklen unterschiedlich ausfallen, worauf im späteren Teil etwas genauer eingegangen werden soll. Es gibt aber auch Gemeinsamkeiten, welche in beiden Makrozyklen identisch verlaufen. Dazu gehört bspw. die Dauer der Wettkampfphase: in beiden Fällen wird die Wettkampfphase über einen Zeitraum von 4 Wochen, ausgehend vom jeweiligen Wettkampfdatum, geplant. Inhaltlich wird diese grob jeweils in 2 Wochen Tapering und 2 Wochen Wettkampf unterteilt. Sowohl bei der Tapering- als auch bei der Wettkampfphase handelt es sich um Mesozyklen, in der die Trainingslast und damit die physische und psychische Ermüdung bestmöglich reduziert werden sollen. Ziel ist eine optimale Verstärkung der Anpassungsprozesse, welche durch die Vorbereitungsphase ausgelöst wurden. (Lehrskript Test- und Trainingsplanung, 62ff.) Die Tapering- und Wettkampfphase gehen zeitlich ineinander über, verfolgen eine ähnliche Zielsetzung und wurden daher auch als erstes nach den Wettkämpfen in die Planung integriert. In diesem Zeitraum soll die Athletin ihre maximale Leistungsbereitschaft erreichen. Die optimale Wirksamkeit der Wettkampf-

und Taperingphase ist Gegenstand verschiedener Studien. In der Literatur wird häufig von einer optimalen Wirksamkeit bei einer Dauer von 2 Wochen ausgegangen, wobei sich auch nach 3 oder 4 Wochen noch ein wirksamer Effekt zeigt. (vgl. Mujika 2009) Direkt im Anschluss folgt die Wettkampfphase, in der die Athletin im Idealfall Ihre maximale Leistungsbereitschaft erreicht (Peaking). Dieser Zustand hält für gewöhnlich nur wenige Tage an.

Eine weitere Gemeinsamkeit in der Gestaltung der Vorbereitungsphasen beider Makrozyklen besteht darin, dass die inhaltlichen Schwerpunkte mit zunehmender Dauer auch zunehmend sportart- und wettkampfspezifischer gesetzt werden. Diese Vorgehensweite spiegelt sich auch in der allgemeinen Trainingslehre mit dem Prinzip der zunehmenden Spezialisierung (vgl. Neumann 2000, 78) wieder.

Aufgrund der oben genannten unterschiedlichen Zielsetzung hinsichtlich der beiden saisonalen Höhepunkte finden sich aber auch einige Unterschiede in der Ausgestaltung der Mesozyklen. Auf diese soll im Folgenden näher eingegangen werden.

1. Makrozyklus

Der Höhepunkt und damit die Zielsetzung des ersten Makrozyklus ist eine neue Bestzeit auf der Halbmarathondistanz. Die Athletin kennt die Distanz bereits und hat diese mehrmals erfolgreich absolviert. Zielsetzung der Vorbereitungsphase ist daher die Erhöhung des durchschnittlichen Tempos, welches über eine Distanz von 21,1km gelaufen werden kann. Grundlegend folgt die Vorbereitungsperiode auch dem Prinzip der zunehmenden Spezialisierung. Der gesamte Makrozyklus umfasst 16 Wochen, wovon 4 Wochen für die Wettkampf- und 12 Wochen für die Vorbereitungsperiode geplant wurden. Die Vorbereitungsperiode wird in zwei Mesozyklen mit einem Umfang von jeweils 6 Wochen geplant.

Die inhaltliche Zielsetzung des ersten Mesozyklus ist der Aufbau der aeroben Ausdauer. Da der Mesozyklus recht früh im zeitlichen Verlauf des Jahres startet, fällt dieser noch in die Wintermonate. Hier bietet sich der Aufbau der aeroben Ausdauer an, da diese Zielsetzung auch sportartunspezifisch erzielt werden kann. Unter Berücksichtigung des Umstandes, dass die Athletin bei höheren wöchentlichen Laufumfängen zu orthopädischen Problemen neigt, bieten sich auch andere Formen des Ausdauer- und Ausgleichstraining an. In diesem Mesozyklus wird in den Bereichen Aerobe Ausdauer/Kraft sowie Schnelligkeit nur der Erhalt das Ausgangsniveaus angestrebt.

Im zweiten Mesozyklus verschiebt sich der inhaltliche Fokus deutlich. Während im Bereich der aeroben Ausdauer nur der Erhalt des, im ersten Zyklus erhöhten, Niveaus angestrebt wird, soll im Bereich der aeroben

Ausdauer/Kraft ein deutlicher Aufbau erzielt werden. Hinsichtlich der Schnelligkeit wird ebenfalls eine Steigerung angestrebt.

In der Wettkampfphase werden die Trainingsumfänge deutlich reduziert. In der Vorbereitungsphase sollte über die beiden Mesozyklen mit je 6 Wochen ein höheres Niveau in Hinblick auf Aerobe und Anaerobe Ausdauer erzielt worden sein. Auch hinsichtlich der Schnelligkeit hat idealerweise eine Steigerung im Vergleich zum Eingangsniveau stattgefunden. In der Wettkampfphase wird daher bei der aeroben und anaeroben Ausdauer lediglich der Niveauerhalt angestrebt. Das gesteigerte Niveau hinsichtlich der Schnelligkeit soll auf ein Maximum angehoben werden um das Ziel der neuen Bestzeiten, primär über 21,1km am Wettkampftag, aber auch über die 10km Distanz zu erreichen.

2. Makrozyklus

Das erfolgreiche Absolvieren des Marathons stellt den Höhepunkt und das Ziel des zweiten Makrozyklus dar. Dieser Makrozyklus umfasst 22 Wochen und startet direkt im Anschluss an den Halbmarathon.

Neben der 4-wöchigen Wettkampfperiode wird als erstes eine 3-wöchige Übergangsphase geplant. Diese startet direkt nach dem Halbmarathon und dient der physischen und psychischen Regeneration. Im Bereich der aeroben Ausdauer wird der Erhalt des erhöhten Leistungsniveaus angestrebt während ein Leistungsverlust in den Bereichen anaerobe Ausdauer und Schnelligkeit von vorn herein mit eingeplant wird. Ein gleichbleibend hohes Trainingsniveau über den gesamten Jahreszeitraum ist von vorn herein nicht möglich und wird auch nicht angestrebt. Zumal hierbei auch die Gefahr besteht, dass die Gesamtsituation des Körpers sich dahingehend verändert, dass dieser in eine abbauende (katabole) Stoffwechsellage wechselt. Die gewünschten Trainingseffekte würde sich damit sogar umkehren (vgl. Zintl 2009, 26)

Abzüglich der 3 Wochen für die Übergangs- sowie der 4 Wochen Wettkampfperiode bleiben noch 15 Wochen für die Vorbereitungsphase. Erneut werden hierbei 2 Mesozyklen a 6 Wochen mit den entsprechenden Zielsetzungen geplant. Wie erwähnt handelt es sich aber beim Marathon um eine Distanz, welche für die Athletin noch unbekannt und doppelt so lang ist wie die bisherigen Wettkämpfe. Da hier keine bestimmte Zielzeit angestrebt wird, verschiebt sich der Fokus in der Vorbereitung ein wenig vom Bereich Aerobe Ausdauer/Schnelligkeit hin zur aeroben Ausdauer, um die Strecke überhaupt erfolgreich absolvieren zu können. Um die Athletin trotzdem auf die hohe Belastung des Marathons vorzubereiten, wird zwischen den beiden 6-wöchigen Mesozyklen noch ein zusätzlicher, intensiver Mesozyklus geplant.

Im ersten Mesozyklus wird der Aufbau der aeroben Ausdauer angestrebt. Hinsichtlich der anaeroben Ausdauer und Schnelligkeit wird lediglich der Erhalt des Niveaus nach der Übergangsphase angestrebt.

Nach dem ersten Mesozyklus von 6 Wochen folgt der 3-wöchige intensive Zyklus. Hier wird bereits ein Aufbau der anaeroben Ausdauer eingeleitet und auch eine Steigerung der Schnelligkeit angestrebt. Binnen dieser 3 Wochen ist ein vollständiger Adaptionsprozess natürlich nicht zu erreichen. Diese intensive Phase soll die Athletin auf die physischen und psychischen Belastungen im Wettkampf vorbereiten und die Option bieten, gegebenenfalls Anpassungen an der inhaltlichen Gestaltung der zweiten Hälfte der Vorbereitungsphase vorzunehmen.

An diese intensive Phase schließt sich der zweite und finale 6-wöchige Mesozyklus der Vorbereitungsphase an. Hier wird der Schwerpunkt auf den weiteren Aufbau der Aeroben Ausdauer gelegt. Zusätzlich soll jedoch auch die Steigerung der anaeroben Ausdauer, welche in der intensiven Phase begonnen wurde, weiterhin angestrebt werden. Hinsichtlich der Schnelligkeit wird auch in diesem Zyklus lediglich der Erhalt angestrebt.

Im Anschluss an den zweiten größeren Mesozyklus der Vorbereitungsperiode folgt die Wettkampfperiode. Innerhalb dieser finden sich, wie eingangs erwähnt, die Tapering- und Wettkampfphase. Hierbei wird in der aeroben sowie anaeroben Ausdauer nur noch der Erhalt des gesteigerten Niveaus angestrebt. Mit Hinblick auf die Schnelligkeit wird ein Aufbau und auch das Maximum angestrebt.

Da beim Marathon keine bestimmte Zielzeit angestrebt wird, wird für den Aufbau der Schnelligkeit in der inhaltlichen Gestaltung der Mesozyklen ein deutlich geringerer Anteil geplant. Schwerpunkt ist in der Vorbereitungsperiode ganz klar der Bereich der aeroben Ausdauer, wobei der Bereich anaerobe Ausdauer/Kraft natürlich nicht vernachlässigt wird.

2.2.3 Mikrozyklen

In den vorhergehenden Abschnitten wurde die Unterteilung in Makro- und Mesozyklen ausführlich beschrieben. Im nächsten Schritt erfolgt die Unterteilung in Mikrozyklen. Ein einzelner Mikrozyklus bildet nach herrschender Meinung einen Zeitraum von 1 Woche ab (vgl. Zintl 2009, 196) und beinhaltet die einzelnen Trainingseinheiten.

Einzelne Mikrozyklen unterscheiden sich hinsichtlich Umfang und Inhalt zuweilen sehr deutlich voneinander. Die Zielsetzung der übergeordneten Mesozyklen hat maßgeblichen Einfluss auf diese Gestaltung. Bei der inhaltlichen Planung ist auch die Wechselwirkung von Belastung und Erholung mit einzubeziehen. Genauso wie bei allen anderen körperlichen Anpassungsprozessen ist auch hier immer die Individualität des Athleten zu beachten. Die Regenerationsprozesse nach Trainingseinheiten laufen von Sportler zu Sportler zu unterschiedlich ab und nehmen je nach Bereich des Organismus unterschiedlich viel Zeit in Anspruch. Während sich bspw. Phosphatspeicher und Säurehaushalt nach ca. 6 Stunden wieder regeneriert haben, benötigen Mitochondrien oder Binde- und Stützgewebe bis zu 36 Stunden (vgl. Zintl 2009, 199ff.)

Neben dem Setzen von zielgerichteten Trainingsreizen wird des Weiteren im Idealfall eine Superkompensation angestrebt (Trainingsprinzip der optimalen Gestaltung von Belastung und Erholung), um über die Dauer der Vorbereitungsphase und die progressive Belastungssteigerung innerhalb diese eine höhere Leistungsbereitschaft zu erreichen. Beim Prinzip der Superkompensation handelt es sich um eine kurze Phase der Überregeneration. Dies tritt speziell bei den langsamer ablaufenden Wiederherstellungsprozessen (bspw. Struktureiweiß, Hormonspeicher, Elektrolytkonzentration) in Erscheinung. (vgl. Zintl 2009, 200) Im Vorfeld den zeitlichen Rahmen für diese Phase der Superkompensation abzuschätzen, gestaltet sich schwierig, da diese bei jedem Athleten anders verläuft. Die Superkompensation kann 36 Stunden aber auch mehre Tage in Anspruch nehmen. (vgl. Zintl 2009, 20ff.) Wichtige Erkenntnis hierbei ist jedoch, dass auch hierbei eine Regenerationszeit notwendig ist, die in der Gestaltung der Microzyklen berücksichtigt werden muss.

Wie erwähnt, soll durch eine progressive Belastungssteigerung in der Vorbereitungsperiode eine höhere Leistungsbereitschaft erzielt werden. Dabei gilt es zu beachten, dass die Steigerungen moderat ausfallen um keine Überlastung zu provozieren. Steigerungsraten von 5-10% werden bei einem Gesamttrainingsumfang von 300-500 Jahresstunden als vertretbar angesehen (Zintl 2009, 193).

Mit Hinblick auf den anzustrebenden Wechsel zwischen Belastung und Regeneration wird nach drei Mikrozyklen mit progressiver Belastungssteigerung auch jeweils Einer mit verringerter Belastung (ca. 15-30%) geplant um die Anpassungsprozesse des Organismus zu unterstützen. (vgl. Neumann 2000, 75) Diese Planung wird weitestgehend über die Vorbereitungsperioden beider Makrozyklen beibehalten. Lediglich der intensive Mesozyklus in der Vorbereitung auf den Marathon beinhaltet keinen Mikrozyklus mit verringertem Umfang, sondern mit einem stagnierenden Umfang.

Im Folgenden werden einzelne Mikrozyklen inklusive der Trainingsinhalte dargestellt und erklärt. Da sich die Mesozyklen über das gesamte Jahr hinsichtlich der Schwerpunkte unterscheiden und sich die Gestaltung der Mikrozyklen danach ausrichtet, wird pro Mesozyklus eine Trainingswoche genauer dargestellt. Zur Übersichtlichkeit wird die jeweilige Nummerierung der Microzyklen aus der tabellarischen Jahresplanung auch hier genutzt. Als Messgrößen werden hier die genannten HF Bereiche der jeweiligen Trainingseinheiten aus Neumann 2011, 141 genutzt.

Mikrozyklus 2

Mo	Di	Mi	Do	Fr	Sa	So
KA1	ReKom	GA1	ReKom	Athletik	GA1	ReKom
30min GA1 + 4x1000m Intervalle		60min		45min Kraft + Stabilität	90min Lauf oder Ski	
-85% HFmax		-80% HFmax			-80% HFmax	

(Quelle: eigene Darstellung)

Im ersten Mesozyklus geht es im Wesentlichen darum, die aerobe Ausdauer zu steigern. Die Fähigkeit, eine möglichst lange Dauer in aerober Stoffwechsellage durchzuhalten, bildet die wesentliche Grundlage, um im späteren Verlauf die Wettkampfleistung und auch die gewünschten Zielzeiten über 10km und 21km zu erreichen. (vgl. Neumann 2011, 131 ff.)

Daher werden im Verlauf dieses Mesozyklus wöchentlich zwei GA1 Einheiten mit unterschiedlicher Länge geplant. Als Methode wird hier die extensive Dauermethode gewählt. Während die Einheit in der Wochenmitte einen moderaten Umfang hat, wird die Einheit am Wochenende mit dem größten Umfang geplant. Im GA1 Bereich ist die Spezifizierung auf die Wettkampfdisziplin noch nicht zwingend erforderlich. Die extensiven Dauereinheiten können daher auch in einer anderen Sportart absolviert werden. Da der erste Mesozyklus in die Wintermonate geplant wurde, bietet sich hier der Skilanglauf an,- alternativ auch ausgedehnte Radtouren.

Parallel zu den GA1 Einheiten wird auch wöchentliche eine KA1 Einheit geplant. Diese Einheiten üben einen stärkeren Hypertrophiereiz auf die Muskulatur aus als die extensiven Dauereinheiten im GA1 Bereich. (vgl. Neumann 2011, 132) Hierfür wird die extensive Intervallmethode genutzt.

Basierend auf der Anamnese liegt die Information vor, dass die Athletin bei höheren Laufumfängen von über 60km/Woche orthopädische Probleme bekommt. Bis dato hat sie noch kein spezifisches Athletiktraining absolviert. Spätestens im zweiten Makrozyklus werden entsprechend hohe Laufumfänge im Zuge der Marathonvorbereitung jedoch notwendig sein. Daher wird bereits frühzeitig ein wöchentliches Athletiktraining in den Trainingsplan integriert. Dieses sollte idealerweise Übungen zur

Stabilisierung und Mobilisierung der Muskulatur und des Bewegungsapparates enthalten. Hier soll die Grundlage geschaffen werden, um den genannten orthopädischen Problemen bei höheren Umfängen vorzubeugen.

Die Trainingsumfänge der einzelnen Einheiten, also sowohl hinsichtlich der Dauer der GA1 Einheiten sowie die Anzahl der Intervalle der KA1 Einheiten werden innerhalb des Mesozyklus wöchentlich in einem Umfang von ca. 5-10% gesteigert.

Mikrozyklus 7

Mo	Di	Mi	Do	Fr	Sa	So
KA2	ReKom	GA2	ReKom	Athletik	GA1	ReKom
30min GA1 + 8x400m Intervalle		45min Fartleg		45min Schwimmen	120min Lauf	
-95% HFmax		-90% HFmax			-80% HFmax	

(Quelle: eigene Darstellung)

Im zweiten Mesozyklus wird analog zum ersten Mesozyklus die Aufteilung der Trainingswoche in 4 Trainingstage beibehalten. Da der Fokus in diesem Mesozyklus auf dem Aufbau der anaeroben Ausdauer und einer Steigerung der Schnelligkeit liegt, werden entsprechend Einheiten im GA2 und KA2 Bereich geplant. Diese zeichnen sich durch Belastungen oberhalb der aeroben Leistungsfähigkeit und kürzere Distanzen aus. Zu Beginn der Woche wird eine KA2 Einheit geplant und inhaltlich die intensive Intervallmethode genutzt. Für die Mitte der jeweiligen Woche wird mit der Fahrtspielmethode eine entsprechende GA2 Einheit geplant. Am Wochenende wird weiterhin eine extensive Dauereinheit im GA1 Bereich geplant um die aerobe Leistungsfähigkeit zu erhalten und die Athletin nicht mit einer dauerhaft hohen Intensität zu überfordern. Jedoch wird diese Einheit nun sportartspezifisch absolviert. Ein Ausweichen auf andere Sportarten wird für diese Einheit nicht mehr angestrebt. Statt des gezielten Athletik-Trainings wird eine wöchentliche Einheit im Schwimmbecken geplant. Auch hier kann die Athletin einen positiven Einfluss auf die Stabilität und Mobilität der Muskulatur ausüben und belastet Ihre Gelenke nicht im gleichen Maße wie bei einem gezielten Krafttraining.

Auch in diesem Mesozyklus werden die Umfänge der Einheiten wöchentlich um ca. 5-10% gesteigert – sowohl hinsichtlich der Intervalle als auch der Dauer der GA1/GA2 Einheiten.

13

Mikrozyklus 13

Mo	Di	Mi	Do	Fr	Sa	So
WSA	ReKom	GA2	ReKom	Athletik	WSA	ReKom
15min GA1 + 10x200m		45min Fartleg		30min Schwimmen	Unter-distanz	
>95% HFmax		-90% HFmax			>95% HFmax	

(Quelle: eigene Darstellung)

Der Mikrozyklus stellt den Beginn der Wettkampfperiode sowie der Taperingphase dar. Hier liegt Fokus ganz klar in der Herausbildung der Schnelligkeit für den Wettkampf. Ein weiterer Kernpunkt der Planung ist die Reduzierung der Trainingsumfänge um bis zu 60% im Vergleich zum umfangreichsten Mikrozyklus der Vorbereitungsperiode.

Bei der Athletin wird ein progressiver Taperer genutzt, was eine stufenweise Umfangsreduzierung ermöglicht. Des Weiteren versprechen verschiedene Studien bei dieser Form des Taperings die größten Effekte. (vgl. Lehrskript Test- und Trainingsplanung, 62f) In allen Mikrozyklen der Wettkampfperiode werden zu Beginn der Woche Intervalleinheiten geplant, auch wenn diese in der Intervalllänge kürzer sind als noch im vorhergehenden Mesozyklus. Auch die Fahrtspielmethode in der Wochenmitte wird beibehalten, wenn auch mit deutlich geringerem Umfang. Hier soll der Erhalt der aeroben Ausdauer gewährleistet bleiben. Auch die Schwimmeinheit zum Ende der Woche wird weiterhin geplant. Eine wesentliche Änderung in diesem Mesozyklus zeigt sich am Wochenende, wo statt der bisherigen extensiven Dauereinheiten im GA1 Bereich nun eine WSA Einheit in Form eines Testwettkampfes auf der Unterdistanz geplant wird. Die Umfänge werden zum Ende des Mesozyklus und mit näherkommenden Wettkampftag sukzessive kürzer. Im ersten Mikrozyklus der Wettkampfperiode wird der Testwettkampf mit einer Distanz von 10km geplant. Diese Distanz wird gleichzeitig als sportpraktische Leistungsdiagnostik genutzt und eine Bestzeit über die Strecke stellt eines der Ziele der Athletin dar.

Mikrozyklus 17

Mo	Di	Mi	Do	Fr	Sa	So
GA1	ReKom	Athletik	ReKom	Rekom	GA1	ReKom
60min Rad		60min Schwimmen			60min Rad	
-80% HFmax					-80% HFmax	

(Quelle: eigene Darstellung)

Nach dem Halbmarathon startet der zweite Makrozyklus des Jahres mit der Übergangsperiode. Der absolute Fokus hierbei liegt in der Regeneration und der maximalen Reduzierung der physischen und psychischen Ermüdung. Aufgrund der hohen Belastungen im vorangegangen Mesozyklus wird hier auf Läufe verzichtet. Um dem die aerobe Ausdauer trotzdem zu erhalten, werden hier zwei GA1 Einheiten auf dem Rad geplant. Diese sollen vor allem die unteren Extremitäten entlasten und trotzdem einen Beitrag zum Erhalt der aeroben Ausdauer leisten. Des Weiteren wird die wöchentliche Schwimmeinheit beibehalten.

Mikrozyklus 21

Mo	Di	Mi	Do	Fr	Sa	So
KA1	ReKom	GA1	ReKom	Athletik	GA1	ReKom
30min + 4x1000m Intervalle		60min		45min Kraft + Stabilität	120min	
-85% HFmax		-80% HFmax			-80% HFmax	

(Quelle: eigene Darstellung)

Dieser Mikrozyklus stellt den Beginn der Marathonvorbereitung dar und ähnelt inhaltlich den ersten Trainingswochen der Halbmarathonvorbereitung. Auch hier wird wieder wesentlich im KA1 und GA1 Bereich trainiert. Die Methodiken ähneln sich weitestgehend da auch hier wieder der absolute Fokus auf der Entwicklung der aeroben Ausdauer liegt. Lediglich die Umfänge werden deutlich größer geplant, da die Athletin mit dem Marathon eine wesentlich längere Strecke absolvieren will. Neben den extensiven Intervallen zu Wochenbeginn wird auch wieder ein wöchentliches Athletiktraining geplant um mit einer höheren muskulären Widerstandsfähigkeit die Grundlagen für die höheren Belastungen zu gewährleisten.

Mikrozyklus 26

Mo	Di	Mi	Do	Fr	Sa	So
WSA	ReKom	GA2	ReKom	Athletik	GA1	ReKom
Unterdistanz		60min Fartleg		45min Kraft + Stabilität	90min	
>90% HFmax		-80% HFmax			-80% HFmax	

(Quelle: eigene Darstellung)

Dieser Mesozyklus stellt eine Besonderheit dar: hier wird zwischen den zwei größeren Mesozyklen der Marathonvorbereitung noch eine intensive Phase geplant. Dieser, mit drei Wochen, sehr kurze Mesozyklus soll die Wettkampfbelastung simulieren und idealerweise Rückschlüsse darauf zulassen, ob die bisherige Vorbereitung eine erfolgreiche Teilnahme am Marathon zulässt. Dafür werden die vorangegangen Mikrozyklen inhaltlich weitestgehend fortgeführt. Jedoch werden statt der extensiven Intervalleinheit zu Beginn der Woche Testwettkämpfe auf der Unterdistanz geplant. Diese dienen zum einen als sportpraktische Leistungsdiagnostik und lassen darüber hinaus auch Rückschlüsse auf die Leistungsbereitschaft der Athletin zu.

Mikrozyklus 30

Mo	Di	Mi	Do	Fr	Sa	So
KA1	ReKom	GA2	ReKom	Athletik	GA1	ReKom
30min + 8x1000m Intervalle		60min Fartleg		60min Schwimmen	150min	
-85% HFmax		-90% HFmax			-80% HFmax	

(Quelle: eigene Darstellung)

Der finale Mesozyklus vor dem Marathon ähnelt ebenfalls wieder dem letzten Zyklus vor der Wettkampfperiode des Halbmarathons. Die Umfänge des Trainings sind hierbei natürlich deutlich größer als für die Halbmarathon-Distanz. Bei der zentralen GA1 Dauereinheit am Wochenende wird eine Steigerung des Umfangs auf bis zu 210min angestrebt. Wie auch bei der Halbmarathonvorbereitung wird zum angestrebten Aufbau der anaeroben Ausdauer die Fahrtspielmethode in der Wochenmitte geplant. Ein Unterschied zur Halbmarathonvorbereitung besteht darin, dass auch in diesem Mesozyklus weiterhin die extensive Intervallmethode als KA Einheit geplant wird. Dies steht im Zusammenhang damit, dass das Wettkampftempo beim Marathon für die Athletin eine eher untergeordnete Rolle spielt. Das gezielte Stabilisierungs- und Mobilisierungstraining aus den vorangehenden Zyklen wird auch hier wieder durch Einheiten im Schwimmbecken ersetzt. In der Spitze wird mit progressiver Steigerung der Umfänge eine maximale Trainingslast von wöchentlich ca. 8-10 Stunden erreicht (Mikrozyklus 34). Dies stellt den Spitzenwert in der gesamten Saison dar.

Mikrozyklus 35

Mo	Di	Mi	Do	Fr	Sa	So
KA2	ReKom	GA2	ReKom	Athletik	GA1	ReKom
30min + 8x400m Intervalle		60min Fartleg		45min Schwimmen	90min	
>95% HFmax		-90% HFmax			-80% HFmax	

(Quelle: eigene Darstellung)

Mit diesem Mikrozyklus startet die Wettkampf- und Taperingphase für den Marathon. Auch hier wird wieder ein progressiver Taper genutzt. Statt der extensiven Intervalleinheiten des vorhergehenden Mikrozyklus werden nun intensive Intervalleinheiten geplant, die einerseits die Trainingsumfänge reduzieren und andererseits eine Steigerung der Schnelligkeit herbeiführen sollen. Je nach Entwicklung der Athletin können in den letzten 2 Wochen die Intervalleinheiten auch verkürzt und mit höherer Intensität im WSA Bereich (>90% HFmax) absolviert werden. Dies wird aber in der ersten Planung nicht als notwendig erachtet, da die Zielzeit hier ausdrücklich nicht im Fokus steht. Die extensive Dauereinheit im GA1 Bereich bleibt ebenfalls für den Wochenende geplant, wird aber im Umfang sukzessive reduziert. Auch die wöchentliche Schwimmeinheit sowie das Fahrtspiel in der Wochenmitte bleiben weiterhin enthalten und werden in Richtung Wettkampf in Ihren Umfängen reduziert.

2.3 Durchführung

Jede geplante Trainingseinheit beginnt unabhängig vom gesetzten Schwerpunkt mit einem Warm-Up und endet mit einem Cool-Down von jeweils ca. 10min. Bei allen Trainingseinheiten werden auch Dehnübungen in die Einheit integriert.

Bei jedem Intervalltraining ist mit einer ca. 30min langen GA1 Einheit ein längeres Warm-Up angesetzt, um den Körper einerseits auf die Belastung vorzubereiten aber andererseits noch genug Reserven für den intensiven bis hoch-intensiven Anteil der Einheit zu lassen. Als Teil des Warm-Up wird auch jeweils ein Lauf-ABC eingeplant. Davon wird eine Verbesserung der Motorik und damit der Lauftechnik erwartet. Im zeitlichen Verlauf der Vorbereitungsphase sollte im Idealfall eine Verbesserung der Laufökonomie zu erwarten sein. Mit Hinblick auf die orthopädischen Probleme der Athletin bei größeren Trainingsumfängen ist hier ebenfalls ein positiver Effekt zu erwarten, da davon ausgegangen wird, dass diese laufspezifischen Übungen über einen längeren Zeitraum Überlastungssymptomen vorbeugen können. Die Pausen zwischen den Intervallen werden zu Beginn der Vorbereitungsphase noch gehend, im späteren Verlauf laufend mit niedriger Intensität absolviert. Die Dauer richtet sich nach der Länge der zu absolvierenden Intervalle.

Die Athletik-Einheiten zur Stabilisierung- und Mobilisierung werden weitestgehend mit Eigengewicht und mit Hilfe von Terrabändern durchgeführt. Auf ein spezifisches Gerätetraining wird verzichtet. Der Fokus liegt auf dem ganzheitlichen Training der Muskulatur und Beweglichkeit und nicht auf der dedizierten Ausprägung gezielter Muskelgruppen. (vgl. Brady 2017, 51ff.)

2.4 Analysen und Evaluation

Analysen der einzelnen Trainingseinheiten und Evaluation hinsichtlich der Anpassung an die gesetzten Trainingsreize sind wesentlicher Bestandteil der Trainingsplanung. Die grundsätzliche Leistungssteuerung beruht auf dem Regelkreis

Ziel- und Normsetzung →Trainingsplanung → Trainingsdurchführung → Trainingsergebnis → Trainingskontrolle → Trainingsauswertung

Die Trainingsauswertung wiederrum hat maßgeblichen Einfluss auf die Zielsetzung, -Planung und -Durchführung. (Zintl 2009, 158)

Es sind dafür verschiedene Methodiken zur Trainingskontrolle und -Auswertung notwendig.

2.4.1 Trainingsanalyse

Jede Trainingseinheit wird grundsätzlich schriftlich erfasst und festgehalten. Dafür wird ein virtuelles Trainingstagebuch geführt. Die Laufeinheiten werden automatisiert über die mobile Applikation Strava erfasst (und notwendige Informationen manuell nachgetragen):

- Datum, Zeit
- Dauer
- Ziel (wird manuell erfasst)
- Herzfrequenz unter Belastung (Messung über Pulsgurt oder Sportuhr)
- Herzfrequenz 5min nach Belastungsende (wird manuell nachgetragen)
- Distanz, Streckenart, Steigungen
- Pace
- Wetter
- persönliches Befinden
- spezifische Notizen über Besonderheiten (bspw. Schmerzen)

Auch die Einheiten in alternativen Disziplinen wie Skilanglauf, Rad oder Schwimmen werden virtuell erfasst. Athletikeinheiten werden entsprechend manuell nachgetragen. Darüber hinaus wird auch Ruheherzfrequenz zu Beginn des jeweiligen Tages gemessen. Mit zunehmendem Training verringert sich die Ruheherzfrequenz für gewöhnlich, was einem vergrößerten Schlagvolume liegt. Übermäßige Schwankungen in der Ruheherzfrequenz können jedoch einen Hinweis auf den Regenerationszustand der Athletin geben. Die Veränderung der Ruheherzfrequenz kann sowohl ein Indiz für ein mögliches Übertraining, als auch für eine beginnende Erkrankung sein. (vgl. Neumann 2000, 116ff)

Darüber hinaus gehören regelmäßige Feedback-Gespräche mit der Athletin zur Trainingsanalyse. Diese werden nach jeder Trainingseinheit geplant. Hierbei geht es verstärkt um das subjektive Befinden der Sportlerin:

- Wie bewertet Sie die Qualität der Einheit?
- Welche Faktoren haben die Einheit beeinflusst?
- Wurde eine Leistungssteigerung erzielt?
- Wie steht es um die Motivation der Athletin?
- Hat die Athletin Beschwerden, Schmerzen, Einschränkungen?
- Welche Optimierungsmöglichkeiten gibt es?

Da die Athletin, wie mehrmals erwähnt, in der Anamnese über orthopädische Probleme bei höheren Laufumfängen berichtet hat, wird nicht nur zu Beginn des ersten Makrozyklus eine Videoanalyse durchgeführt. Diese soll Aufschluss über Defizite in der Lauftechnik und damit verbunden der Laufökonomie geben. Im weiteren Verlauf der Vorbereitungsperiode werden speziell die Intervalleinheiten per Video aufgezeichnet und im Zuge des Feedbackgespräches nach dem Training ausgewertet.

Zusätzlich zum Trainingstagebuch und den Feedbackgesprächen werden entsprechende Leistungsdiagnosen geplant.

2.4.2 Sportmedizinische Leistungsdiagnostik

Es werden bei der Athletin zwei sportmedizinische Leistungsdiagnostiken geplant. Die erste findet zu Beginn des ersten Mesozyklus im Januar statt. Diese Leistungsdiagnostik soll Erkenntnisse darüber liefern, wo die individuellen ventilatorischen und damit aeroben- und anaeroben Schwellenwerte liegen. Die Erkenntnisse der Diagnostik haben einen maßgeblichen Einfluss auf die zu nutzenden Trainingsbereiche innerhalb der Mesozyklen. Dafür wird eine Spiroergometrie auf dem Laufband genutzt. Um die maximale Leistungsfähigkeit der Athletin festzustellen, wird hierfür ein Stufentest auf dem Laufband durchgeführt. Hierbei wird alle 3 Minuten eine Steigerung der Geschwindigkeit vorgenommen. Neben der eingeatmeten O_2 Menge wird auch die abgeatmete CO_2 Menge gemessen. Daraus wird automatisch der Respiratorische Quotient (RQ) ermittelt. Dieser Wert bewegt sich bspw. bei ca. 0,7, solange die Energie rein aus Fetten gewonnen wird. Mit zunehmender Belastung werden zunehmend Kohlenhydrate verstoffwechselt. Bei einem RQ Wert von 1,0 basiert die

Energiegewinnung rein auf der Nutzung von Kohlenhydraten. Wird die Belastung weiter gesteigert, kommt es zu steigender Laktatproduktion. Der Körper verlässt den Bereich des Steady-State und es wird mehr Laktat produziert als abgebaut. In diesem Fall fungiert das Blut als Puffer und gibt vermehrt CO_2 ab. Es wird mehr CO_2 aus- als O_2 eingeatmet. Der RQ Wert steigt weiter. Bei der Spiroergometrie wird in diesem Fall ein RQ-Wert von 1,1 als Ausbelastungskriterium genutzt. (vgl. Neumann 2011, 62f., 261f. und https://www.academyofsports.de/de/lexikon/respiratorischer-quotient-irq-und-kohlendioxidabgabe/ Stand: 14.03.2021)

Die zweite sportmedizinische Leistungsdiagnostik findet im ersten Mikrozyklus nach der Übergangsperiode statt. Hierbei soll zu einen die Ausgangslage zu Beginn des zweiten Makrozyklus ermittelt werden. Darüber hinaus kann hiermit festgestellt werden, welche Auswirkungen der erste Makrozyklus auf die Ausdauerleistung der Athletin hatte. Ableitungen und ggfs. Anpassungen der Trainingsbereiche in der darauffolgenden Vorbereitungsperiode sind auch hier möglich. Die Belastungstests auf dem Laufband werden in beiden Fällen per Video festgehalten, um Erkenntnisse über die individuelle Lauftechnik- und Motorik der Athletin bei steigendem Tempo zu erhalten.

Beide sportmedizinische Leistungsdiagnostiken werden im Rahmen einer komplexen Diagnostik durchgeführt. Weitere Bestandteile dieser komplexen Diagnostik sind Analysen der Lauftechnik mittels Videoanalyse. Darüber hinaus wir auch eine Funktionsdiagnostik zur Bestimmung der Kraft- und Beweglichkeit durchgeführt.

2.4.3 Sportpraktische Leistungsdiagnostik

Innerhalb der Vorbereitungs- und Wettkampfperioden werden sportpraktische Verfahren der Leistungsdiagnostik genutzt. Diese werden zu Beginn eines jeden Mesozyklus durchgeführt um die Leistungsbereitschaft der Athletin zu ermitteln. Zu Beginn der jeweils ersten Mesozyklen eines neuen Makrozyklus werden diese nicht durchgeführt, weil hier jeweils eine komplexe Diagnostik mit Sportmedizinischer Leistungsdiagnostik eingeplant ist. Zu Beginn der ersten Wettkampfphase (vor dem Halbmarathon) ist die neue Bestzeit über die 10km Distanz geplant. Diese wird als sportspraktische Leistungsdiagnostik des dazugehörigen Mesozyklus genutzt.

Zur besseren Vergleichbarkeit der Werte wird weitestgend das gleiche Verfahren genutzt. Im vorliegenden Trainingskonzept wird dafür der Cooper-Test angewandt. Hierbei wird innerhalb eines Zeitrahmens von 12 Minuten eine maximale Strecke zurückgelegt. Dieser Test wird auf einer ebenen Laufstrecke durchgeführt (idealerweise Stadion-Bahn). Obwohl der Test stark von der Motivation und Anfangsgeschwindigkeit der Athletin abhängig ist, ist die Aussagekraft über die maximale Ausdauerleistungsfähigkeit verhältnismäßig hoch. Aussagen über die Gründe einer Leistungsverbesserung lassen sich bei diesem Testverfahren jedoch nicht treffen. (vgl. Neumann 2000, 213ff.) Während der Durchführung des Tests wird durchgängig die Herzfrequenz der Athletin gemessen.

Das Testverfahren bedarf keiner großen Vorbereitung und kann daher ohne größere personelle Aufwände in die Trainingsplanung integriert werden.

3. Fazit und Ausblick

Das vorliegende Trainingskonzept basiert auf einem begrenzten Umfang von Informationen zu der zu betreuenden Athletin. Jeder Sportler bringt sehr individuelle physische und psychische Voraussetzungen mit, was sich auch unmittelbar auf die Umsetzbarkeit eines solchen Konzeptes auswirkt. Faktoren wie Motivation, Stress oder Adaptionsfähigkeit und Trainierbarkeit zeigen sich immer erst im Zuge der Umsetzung. Daher ist es im ersten planerischen Schritt grundsätzlich sinnvoll, auch eine gewisse Variabilität zu haben. Bei der vorliegenden Trainingsplanung können beispielsweise die Ergebnisse aus den motorischen Tests oder der Leistungsdiagnostik ergeben, dass eine Teilnahme am Marathon im Herbst des Jahres weder realistisch, noch aus Sicht des Trainers empfehlenswert ist.

Im Laufe des Trainingsjahres werden ebenfalls noch eine Vielzahl von Herausforderungen immer wieder Einfluss auf die Durchführung der Einheiten nehmen. Angefangen von planerischen Einflüssen durch das Studium bis hin zu Veränderungen in der Motivation der Athletin oder Veränderungen im familiären Umfeld.

In der Umsetzung wird daher eine enge Trainingssteuerung und eine sehr intensive Kommunikation mit der Athletin notwendig sein, um immer wieder reagieren und notwendige Anpassungen vornehmen zu können.

Leistungsaufbau sollte grundsätzlich immer planvoll und langfristig sein. Schlussendlich sind mit dem vorliegenden Konzept die planerischen Voraussetzungen geschaffen, um die gesteckten Zielsetzungen erfolgreich zu erreichen. Dann fehlt nur noch: *„Ein Fuß vor den Anderen"*.

4. Literaturverzeichnis

Printquellen:

Brady
Die TB12 Methode, 1. Aufl., riva Verlag, München, 2017, ISBN 978-3-7423-0583-1.

Forsberg
Skyrunner, 1. Aufl., Meyer & Meyer Verlag, Aachen, 2019, ISBN 978-3-8403-7633-7.

Mujika
Tapering and Peaking for optimal Performance, 1. Aufl., Human Kinetics, Campaign/IL, 2009, 978-0736074841.

Neumann/Pfützner/Berbalk
Optimiertes Ausdauertraining, 6. Aufl., Meyer & Meyer Verlag, Aachen, 2011, ISBN 978-3-89899-615-0.

Neumann/Pützner/Hottenrott
Alles unter Kontrolle,6. Aufl., Meyer & Meyer Verlag, Aachen, 2000, ISBN 3-89124-581-5.

Zintl/Eisenhut
Ausdauertraining, 7. Aufl., BLV Buchverlag, München, 2009, ISBN 978-3-8354-0555-4.

Lehrskripte:

Lehrskript Ausdauertraining, Academy of Sports, Backnang.

Lehrskript Test- und Trainingsplanung im Ausdauersport, Academy of Sports, Backnang

Digitale Quellen:

https://www.academyofsports.de/de/lexikon/ (Stand: 14.03.2021).

BEI GRIN MACHT SICH IHR WISSEN BEZAHLT

- Wir veröffentlichen Ihre Hausarbeit, Bachelor- und Masterarbeit

- Ihr eigenes eBook und Buch - weltweit in allen wichtigen Shops

- Verdienen Sie an jedem Verkauf

Jetzt bei www.GRIN.com hochladen und kostenlos publizieren